DES RAPPORTS ET DES LIMITES

DES

ÉTUDES JURIDIQUES

ET DES

ÉTUDES POLITIQUES

PAR

M. E. BOUTMY

MEMBRE DE L'INSTITUT
DIRECTEUR DE L'ÉCOLE LIBRE DES SCIENCES POLITIQUES

Extrait de la *Revue internationale de l'Enseignement*
du 15 Mars 1889.

PARIS
ARMAND COLIN ET Cie, ÉDITEURS
1, 3, 5, RUE DE MÉZIÈRES

1889

DES RAPPORTS ET DES LIMITES

DES

ÉTUDES JURIDIQUES

ET DES

ÉTUDES POLITIQUES

PAR

M. E. BOUTMY

MEMBRE DE L'INSTITUT

DIRECTEUR DE L'ÉCOLE LIBRE DES SCIENCES POLITIQUES

Extrait de la *Revue internationale de l'Enseignement*
du 15 Mars 1889.

PARIS

ARMAND COLIN ET Cie, ÉDITEURS

1, 3, 5, RUE DE MÉZIÈRES

—

1889

DES RAPPORTS ET DES LIMITES

DES

ÉTUDES JURIDIQUES ET DES ÉTUDES POLITIQUES

La circulaire ministérielle adressée aux Facultés de droit, concernant la réforme des études de licence, engage, indépendamment et au delà de la question qu'elle met en délibération, un problème philosophique des plus délicats? Quels sont les caractères distinctifs, les affinités ou les répugnances intimes, les limites naturelles, les rapports nécessaires et, — d'après toutes ces données, — l'organisation respective la plus favorable, des études juridiques et des études politiques? La théorie de la classification des sciences côtoie et domine d'une manière continue cette matière difficile.

De la question positive soumise aux Facultés, j'ai dit ici, alors qu'elle se présentait dans des termes un peu différents (1), tout ce que j'avais été conduit à penser par un commerce assez long avec le sujet. Je n'ai pas l'intention d'y revenir; si j'y touche dans les lignes qui suivent, ce sera par voie de conséquence et sous la forme d'indications très générales. La question théorique n'a, que je sache, été soulevée par personne, et cependant, c'est là que résident les principes d'appréciation décisifs, les seuls d'où l'homme d'État qui a charge de régler et de distribuer l'enseignement puisse tirer des directions avec une entière sûreté. La grande erreur contre laquelle on ne peut être prévenu et gardé que par ces hautes considérations (le bon sens pratique n'y suffisant pas), c'est de croire qu'on peut impunément morceler un groupe naturel de connaissances selon les convenances d'un autre groupe, et, en cet état, l'installer où l'on veut, avec la confiance qu'il prospérera là autant

(1) *Revue* du 15 mai 1881.

qu'ailleurs; bien plus, en faire le sujet d'un enseignement officiel et à la longue privilégié, qui se donne pour l'enseignement *type* de cette partie de la science. — « Une matière bonne à savoir n'est-elle pas bien placée partout? Quel inconvénient y a-t-il à soutenir le zèle de l'étudiant par l'attrait d'un grade? » Voilà les dangereux postulats qu'accordent sans hésitation les esprits qui glanent leurs convictions à la surface des choses. Une investigation plus poussée montre qu'un groupe scientifique naturel est quelque chose d'organique et de vivant, dont les conditions de croissance et de durée ressemblent à celles d'une espèce végétale ou d'une race d'animaux. De même que ceux-ci ont leur station climatérique natale, de même qu'ils dépérissent, lorsqu'on les transporte sur une terre ingrate, ou au milieu d'une faune mieux armée; de même, un ordre défini de sciences est destiné à s'affaiblir et à dégénérer, lorsqu'on l'introduit dans un milieu adapté à d'autres et puissants modes d'existence. Il n'y a d'exception que si on l'y introduit en masse et en force, avec tous les moyens de résister aux premières influences ambiantes et de créer lui-même son atmosphère à part.

Les considérations qui précèdent pourraient induire en erreur sur la position de la question. Quelques courtes observations suffiront pour prévenir toute méprise.

Remarquons d'abord que, de la *classification normale des sciences*, nous cherchons seulement à tirer des lumières, et que notre but est d'arriver à une *distribution rationnelle des études*. Il ne peut pas être question d'autre chose. Les dénominations « études juridiques et politiques » ne couvrent pas en effet deux groupes scientifiques naturels. Quel est le caractère d'un groupe scientifique? C'est de porter, dans toutes ses parties, sur une seule matière bien homogène qui n'appartient qu'à lui. Il y a là unité et spécialité de fond, unité et spécialité substantielles. Les groupes « juridique et politique » n'ont pas chacun sa matière définie et distincte; ils comprennent d'importantes parties communes, et de bons esprits ont pu soutenir que le premier tout entier n'est qu'une province du second. En outre, chaque groupe embrasse plusieurs sujets divers et même disparates qu'on a ramenés parfois d'assez loin et rapprochés, soit dans un intérêt d'éducation, pour donner une certaine ouverture à l'esprit ou un certain tour au jugement, soit en vue des nécessités de certaines carrières. L'homogénéité scientifique, telle qu'on peut l'observer dans les études biologiques par exemple, fait donc ici défaut. La cause finale qui a, de chaque côté, rassemblé et ordonné en un même système des éléments assez divers, c'est l'effet présumé de leur action convergente sur l'intelligence, de la discipline qu'ils lui imposent, du pli qu'ils lui impriment, puis la valeur pratique des aptitudes et des notions que l'homme acquiert sous ce régime; et comme ces aptitudes et ces notions correspondent plus particulièrement aux exigences de certains emplois, on peut dire que l'intérêt d'éducation, qui sert ici de lien à défaut d'une unité vraiment scientifique, se résout à son tour, du moins en partie, dans un intérêt professionnel, au sens le plus large et le plus élevé du mot.

Nous pourrons donc avoir une première vue du sujet et comme une entrée dans la nature des *études juridiques et politiques*, en considérant les deux personnages *professionnels* par qui les capacités et les connaissances acquises dans chacun des deux groupes exercent une action sur les choses de ce monde : d'un côté, le jurisconsulte, tel qu'il se laisse voir dans l'avocat, le juge, le conseiller d'État; de l'autre, l'homme politique, tel qu'il se montre dans le député, le ministre et le diplomate.

Que fait le magistrat sur son siège, sinon dégager les rapports de droit contenus dans un cas particulier et les comparer ensuite à des règles simples et toujours les mêmes, à des formules catégoriques et toutes préparées, expression de principes abstraits, généraux, immuables, qui ont été glorifiés sous le nom de « raison écrite »? Que cherche l'avocat à la barre, sinon à ramener les faits d'une espèce dans les termes d'une de ces mêmes formules, sous l'empire d'un de ces mêmes principes? A quoi s'applique le conseiller d'État chargé de rédiger le texte d'un règlement dont le gouvernement ou le législateur lui a fourni le cadre, si ce n'est à en concerter les différentes parties, de manière qu'elles ne se contrarient pas entre elles, et à les mettre d'accord avec les lois voisines, comme avec les bases générales de notre législation?

Dans les trois hypothèses, l'opération est identique : on simplifie d'abord rapidement et sommairement la réalité; on compare ensuite cette réalité émondée à un modèle extérieur et supérieur qui n'en procède point, à un idéal fixe, accepté, disposé d'avance pour cette confrontation. Un noyau résistant d'absolu et d'inconditionnel servant de point d'attache à un vigoureux ressort dialectique, qui se détend pour saisir et ramener à lui les choses, voilà le mécanisme en perpétuel mouvement que l'observation nous découvre dans le cerveau du jurisconsulte. De là émanent la gravité du juge, la puissance de l'avocat, la sûreté de main du sous-législateur.

Représentons-nous, d'autre part, un diplomate suivant une négociation ou sur le point de signer un traité, un ministre proposant une mesure de gouvernement, un député méditant le dépôt d'une proposition de loi. Ce qu'ils ont à considérer, ce n'est pas un cas particulier dont ils ne retiennent que les conditions purement juridiques, c'est le *total* d'une situation, composée d'une somme considérable de *faits* anciens et nouveaux, sociaux, politiques, militaires, économiques, etc., lesquels donnent la seule et imparfaite mesure qu'on puisse avoir d'un grand nombre de *forces* matérielles et morales, en action les unes à côté des autres. Antiques traditions des chancelleries, valeur et efficacité des alliances, convergence ou divergence des intérêts commerciaux, humeur inconstante ou tranquille des peuples, haines nationales, préjugés locaux, lest tardif des habitudes tenaces, torrent des engouements subits... la liste en pourrait être indéfiniment allongée. Moins favorisé que le jurisconsulte, l'homme d'État devra mettre beaucoup de soin et de circonspection à simplifier cette complexité de la matière politique; car il n'est pas sûr qu'en laissant tomber tels ou tels éléments, faits ou forces, il ne faussera pas la balance finale, base de ses calculs et de toutes ses prévisions. D'autre part, il n'a pas devant lui un idéal fixe, justice et liberté, exprimé par un petit nombre de formules simples avec lesquelles il confronte ces données de fait innombrables. Il n'a qu'un but positif, une fin pratique, qui embrasse les intérêts de tout ordre, présents et prochains, de la nation : tout un monde infiniment varié, ondoyant et mobile. Là encore, les éliminations et les simplifications sont extrêmement difficiles à faire, en l'absence d'un commun étalon de la valeur entre ces intérêts divers ou parfois contraires, et à cause des répercussions compliquées qui se produisent de l'un à l'autre.

Naturellement, il n'y a pas place ici pour ces rapports aisément saisissables, — comme entre les circonstances d'une espèce et les principes, — pour cet accord ou ce désaccord évidents, sur lesquels le jurisconsulte assied un jugement net et décidé. Les rapports sont si complexes entre tant de faits d'un côté et tant d'intérêts de l'autre, l'accord et le désaccord dépendent de tant de causes en perpétuelle évolution, que les conclusions sont souvent un peu incertaines, flottantes, limitées dans le temps et dans l'espace. Elles résultent d'impressions autant que de raisonnements. L'harmonie logique des idées, ailleurs maîtresse et directrice, cède par instants la place à une sorte de divination, à l'instinct secret de l'équilibre général et du jeu des forces. Des forces, voilà ce qui occupe et encombre l'échiquier du politique. Les idées ne le touchent qu'autant qu'elles engendrent des énergies et des actes. Il n'a point affaire des principes, mais des sentiments que ces principes éveillent, des passions qui les épousent ou qui s'en couvrent, des intérêts qui les prennent pour mot d'ordre. Autant qu'il peut y avoir de vérité dans une formule de cette ampleur, le jurisconsulte travaille dans le nécessaire et le simple, l'homme d'État dans le contingent et le multiple, et leurs buts, leurs méthodes, leurs procédés ne sont pas moins différents que la matière qu'ils mettent en œuvre.

On a souvent reproché aux jurisconsultes de manquer de largeur d'esprit et aux hommes politiques de manquer de principes. Cette double accusation n'est fondée qu'en partie; mais il est constant que si les uns et les autres cessaient absolument de la justifier, l'État en recevrait un sensible dommage. La croyance à l'absolu est une condition essentielle de bonne justice. Le juge qui ne croit pas trop à l'autorité de ses maximes est bien près de n'y pas croire assez. Le jour où il s'aviserait de reconsidérer les bases de ses jugements et de trouver qu'elles n'ont qu'une valeur relative, verrait se multiplier les « questions pour l'ami », comme les appelle Montaigne, j'entends celles où l'absence d'un précepte clair, net et indiscuté rend au magistrat la liberté d'écouter ses préférences pour les personnes. A l'opposé, la condition d'une bonne politique est d'avoir l'esprit purgé de principes abstraits et inconditionnels. Il ne faut pas qu'entre soi et l'intérêt public qu'on cherche à discerner et à rejoindre, on rencontre une palissade de maximes raides et tendues qui arrêtent la vue et barrent le chemin. La foi à l'absolu agirait comme ces ankyloses qui font que le bras est plus capable de frapper fort, en s'abattant comme une masse, moins capable de se porter rapidement à droite et à gauche. L'homme d'État n'en doit garder que la partie morale, le *nécessaire* de l'honnête homme.

Ainsi, à ne considérer les études juridiques et les études politiques que comme des moyens d'adaptation intellectuelle, et à les juger d'après les personnages qu'elles sont appelées respectivement à former, il y a bien des raisons de pressentir que deux groupes si différents et même si opposés dans leur but et par leurs produits ont besoin d'avoir chacun son milieu à lui, et qu'ils ne doivent être mis en communication ou rapprochés qu'avec des précautions et des ménagements extrêmes.

Quittons maintenant ces perspectives générales, pour considérer de plus près et en elles-mêmes les études juridiques et les études politiques.

Dans les Facultés de droit, l'observateur distingue à première vue un groupe qui fait masse au centre même de tout le système : ce sont les différentes branches du droit privé (droit civil, droit commercial, procédure civile). Ces études l'emportent sur toutes les branches du droit par l'ancienneté, l'étendue, la consistance, le nombre et la portée des principes qu'elles mettent en lumière. Ce sont elles qui, à juste *titre*, donnent le ton à tout l'ensemble; c'est d'elles que les jeunes intelligences prennent leur pli. Avec le droit criminel, qu'on a coutume de leur adjoindre, elles forment la base de toute éducation juridique. Or, elles présentent toutes ce caractère distinctif qu'elles ont été codifiées. Codifiées, le mot est de grande conséquence. Il implique en effet une sorte de *mise en disponibilité* de l'histoire et des historiers. La codification est un acte tranchant du législateur, qui coupe en quelque sorte le droit de ses origines, le fonde en entier sur la raison, la justice, l'intérêt public, l'accord et la dépendance mutuelle des différents articles, et le dispense de chercher des précédents ou des titres en dehors d'un instrument authentique, au delà du jour de la promulgation. A qui voudrait remonter plus haut, la loi elle-même semble répondre : A quoi bon! Il y a eu liquidation de tout le passé et comme un nouveau départ. Ce qui pouvait être conservé du temps jadis a été incorporé dans le texte, y paraît sous un nouveau jour et s'explique désormais, moins par la longue suite des changements qui l'ont amené jusque-là, que par sa conformité aux besoins présents et la justesse des rapports qui marquent sa place dans l'ensemble. La codification, c'est la philosophie de la volition créatrice et du plan réfléchi se substituant à la philosophie de l'évolution par modifications partielles et successives. C'est l'œuvre d'art datée et signée, attirant, sur l'ajustement parfait de ses éléments, l'attention et l'intérêt qui s'attachaient naguère aux lentes et obscures élaborations d'où sort tout être réel et vivant. — Si le droit codifié a sa philosophie, il a aussi sa logique. L'autorité suprême d'un texte qui dérobe ses causes en donnant ses raisons — et qui n'en donne guère que de métaphysiques ou de pratiques — incline le juriste à faire de l'analyse son procédé habituel. Chercher dans ce texte et en dégager des principes généraux, des définitions précises, propres à fournir la majeure de syllogismes serrés, tout ramener à ce petit nombre de données simples, et tout conduire ensuite jusqu'à des solutions nettes, à des formules impératives ayant l'allure et le ton qui convient à la loi, voilà l'ambition réfléchie la plus haute, l'effort le plus souvent répété, et, à la fin, la méthode inconsciente de l'entendement. Propositions abstraites, subtiles interprétations verbales, déductions fortement enchaînées, simplifications parfois excessives, conclusions toujours catégoriques, voilà dans quelle fréquentation de tous les instants l'intelligence apprend et aime à se mouvoir. « L'esprit de géométrie », au sens où l'entendait Pascal, devient sa règle. Elle perd « l'esprit de finesse », tout en dépensant beaucoup de finesse d'esprit. Elle acquiert, exerce et développe jusqu'à une maîtrise incontestée la faculté dialectique. Mais toute supériorité se paie, et celle-ci est trop souvent achetée aux dépens du sens historique.

Or, *c'est précisément l'histoire, sous ses formes et dénominations* les plus variées, qui est le cadre naturel des études politiques : histoire de la formation intérieure des États, histoire diplomatique et succession des traités, histoire parlementaire et législative, histoire de l'industrie et du commerce, histoire financière et fiscale, histoire des armes et des institutions militaires : tout cela complété et éclairé par l'ethnographie, la géographie politique et stratégique, la démographie, la statistique industrielle et agricole comparée, lesquelles sont aussi en un sens des *histoires, — des représentations d'objets en* mouvement. On ne saurait aborder ou résoudre sérieusement une question politique quelconque sans s'aider de ces abondants recueils d'expériences. Toute solution où elles ne figurent pas est de l'empirisme aveugle ou de l'idéologie vague, étrangère à la science dans les deux cas.

Si les faits rassemblés par l'histoire sont les matériaux les plus indispensables d'une science politique positive, l'histoire elle-même, considérée comme éducatrice, est la discipline la mieux faite pour préparer l'esprit au genre d'activité, pour le rompre à la méthode que nous avons tout à l'heure assignés à l'homme d'État. Le propre de l'histoire bien comprise est de rendre sensible la *dépendance mutuelle* de tous les éléments généraux d'une société ; d'où suit que chacun de ces éléments a son mouvement déterminé, comme dans le système planétaire, par les attractions ou les répulsions que les autres exercent sur lui, et, qu'à l'isoler de l'ensemble, on s'expose à ignorer la loi de sa gravitation ou à en donner les explications les plus décevantes. N'est-ce pas un point de vue tout pareil qui s'ouvrait tout à l'heure devant l'homme d'État ? N'avons-nous pas montré que chaque cas spécial doit s'encadrer pour lui dans le bloc d'une situation d'ensemble ? N'est-il pas clair que chacun des intérêts dont il a la garde doit être liquidé, non pas seulement d'après le compte particulier qui le concerne, mais en conformité avec la balance générale de tous les comptes ? — Dans l'universel flux des choses, qu'advient-il des principes abstraits? L'histoire n'en connaît pas de fixes ni d'éternels. *Les principes ne sont ici que des faits très généraux* qui changent d'un mouvement plus lent que l'ensemble, en sorte que l'on peut s'en servir *provisoirement comme d'observatoires*, et de là, mesurer et comparer, dans une immobilité relative, l'évolution des autres faits. N'est-ce pas exactement dans cet esprit que le politique doit les considérer et en faire état? — En aucun cas, l'historien ne prend pour point de départ de ses démarches ces postulats absolus ou quasi absolus, étayés ou non par le roc solide d'un texte, et d'où l'on descend par une pente unique et bien réglée jusqu'à une conclusion qui commande aux faits. Comme le politique, il n'a devant lui, pour commencer, qu'un chaos d'événements particuliers qui se succèdent, de forces en mouvement qui se croisent. Perdu parmi tant d'éléments concrets, il n'a pas la ressource expéditive de la déduction pour y faire la lumière et y introduire un ordre apparent: un fait particulier ne peut pas servir de majeure à un syllogisme. Il faut que d'abord il induise, c'est-à-dire qu'il dégage laborieusement, qu'il crée en quelque sorte lui-même les propositions générales *qui ne lui sont pas données*. L' « abstrait » en histoire, ce ne sont pas des principes rectilignes, ce sont des « *tracés* » complexes, des « courbes » indiquant la direction future des événements d'après le passé, ce sont en d'autres termes « des lois » que l'historien *découvre ou entrevoit*, vers lesquelles il remonte péniblement et avec doute. La méthode baconienne, élargie jusqu'à l'hypothèse, devient la règle habituelle de ses mouvements. Ces forces, dont il aspire à évaluer la poussée, sont d'ailleurs si nombreuses, elles se heurtent ou se contre-balancent, s'ajoutent ou s'annulent de tant de manières, que l'intensité moyenne et la direction finale de ces énergies et de ces pressions ne peuvent être déterminées que par des calculs compliqués, qui laissent une large place à la conjecture et à l'à peu près, un rôle décisif à l'instinct et à l'inspiration. L'histoire, comme l'art de gouverner, a « sa partie divine », à laquelle correspondent les dons de l'homme de génie, dons en apparence tombés du ciel, mais nourris en réalité de la substance toute terrestre d'une expérience rapidement assimilée, largement interprétée. Nous retrouvons là, on le voit, au niveau de la spéculation scientifique, toutes les conditions que nous avons jugées essentielles à l'activité éclairée de l'homme d'État. La coïncidence est significative.

Une objection se présente d'elle-même. Une telle discipline n'est-elle pas de nature à rendre l'homme d'État sceptique, fataliste et passif? Formé à l'école de l'histoire ainsi comprise, ne se montrera-t-il pas incertain de ce qu'il doit désirer, certain que tout est emporté par des courants hors de proportion avec l'homme, convaincu que tout s'accomplira dans le sens de l'excédent donné par la balance des forces et que l'intervention de l'individu ne peut rien changer au résultat; enclin, en fin de compte, à laisser faire et à ne rien faire? L'histoire, a dit un publiciste célèbre, nous change en pierres. N'acceptons pas cette condamnation. Peu d'histoire nous livre au fatalisme, plus d'histoire nous en dégage, beaucoup d'histoire nous ramène à cette croyance fortifiante que l'individu peut concourir efficacement au progrès. La quantité de force dont il dispose par lui-même est presque nulle. Immense est celle qu'il peut tirer des choses, en faisant dévier imperceptiblement, je suppose, le cours d'une énergie naturelle, en sorte qu'elle s'oppose à une autre énergie qu'il y a intérêt à annuler. — *Natura non nisi parendo vincitur*. Mais, par cette voie, la force d'un enfant maîtrise la nature. Ne nous dissimulons pas toutefois que le péril existe, et que le cas doit être prévu, où l'étude incomplète de l'histoire engendrerait chez l'homme d'État une défiance de soi-même et une inertie résignée, également mortelles au progrès. Nul doute que cette tendance fâcheuse ne trouve dans les enseignements à principes absolus un utile contrepoids. A ce titre, l'enseignement juridique a exercé et pourra exercer une action bienfaisante sur l'éducation politique, mais à la condition qu'on ne perde pas de vue la valeur toute relative du correctif, et qu'on lui demande seulement de tendre le ressort et de renouveler l'impulsion, non de remplacer l'histoire dans la direction de l'esprit voué à l'étude des sciences d'État.

Entre ces deux groupes principaux — droit civil et histoire — qui marquent les centres de gravité des études juridiques et des études politiques, flottent et oscillent des groupes secondaires et mixtes, dont il importe de déterminer le siège normal et le lien avec l'un et l'autre systèmes. Il y en a trois qui ont déjà leur place faite dans les Facultés de droit : le groupe historico-juridique, le groupe économique et le groupe de droit public.

L'histoire n'est guère représentée dans les Facultés de droit que par les cours d'histoire du droit, de droit romain et de droit coutumier, dont les deux premiers seulement figurent dans les études de licence. Le cours d'histoire du droit, qu'on médite d'abréger encore, n'a pas assez d'ampleur pour contenir autre chose qu'une étude superficielle des sources. Il en est différemment du cours de droit romain. C'est la partie la plus savante de tout le système. Le droit romain est d'abord un recueil magistral de maximes et de formules composant le plus précieux dépôt d'esprit juridique qu'il y ait au monde. C'est, en outre, l'exemplaire le plus instructif d'un droit vivant qui a été se transformant par évolution lente à travers les siècles. A ces deux titres, il résume et condense tout ce qu'il y a d'histoire et de philosophie dans les Facultés de droit. Comme pour le cours d'histoire du droit, il est question de réduire l'espace accordé à cette branche maîtresse de la science juridique. Tous les amis des hautes études verront avec inquiétude diminuer le temps qui lui est mesuré.

Un fait significatif a pu être observé à l'occasion du droit romain. Après la découverte des institutes de Gaïus et les admirables travaux de Savigny, la science française officielle s'est longtemps refusée à traiter ce droit historiquement; elle s'est attardée à l'expliquer exégétiquement, d'une manière forte, mais ingrate et sèche. Elle a analysé les institutes de Justinien comme elle aurait fait d'un code actuellement en vigueur, qui est censé remplacer avantageusement et rendre inutile tout ce qui l'a précédé. Cette erreur a cédé à la pression de l'opinion et de la science libre. La méthode historique a obtenu à la fin le droit de bourgeoisie. On n'en saisit pas moins dans cette résistance l'effet des habitudes d'esprit contractées dans un long commerce avec le droit codifié.

L'introduction de l'économie politique dans le programme des Facultés, à titre de cours complémentaire, a été l'acte d'un pouvoir intelligent et avisé. Le droit civil embrasse d'innombrables prescriptions réglant l'action de l'homme sur les choses considérées comme des biens, c'est-à-dire en un sens comme des richesses. Beaucoup de ces dispositions sont devenues surannées ou inutiles, et plusieurs sont en voie de devenir gênantes, dans le monde transformé dont la science économique analyse les rapports. La loi aurait perdu rapidement en efficacité et en crédit, si l'on avait laissé le légiste en tête à tête avec l'idée du *juste*, sans l'avertir qu'une partie importante de l'organisation sociale obéit de plus en plus à des nécessités nouvelles auxquelles une place ne saurait être refusée dans le droit écrit. Le voisinage d'un cours d'économie politique a donc exercé une influence excellente sur l'enseignement du droit privé. — Réciproquement, quelle influence le voisinage du droit privé a-t-il exercé sur la science économique? Cette question capitale ne comporte encore qu'une réponse insuffisante; mais, telle quelle, cette réponse n'est pas sans intérêt pour la solution du problème que nous agitons ici. Le droit et l'économie politique, définis d'après les ouvrages les plus récents des maîtres français, se rapprochent par la méthode, — laquelle des deux côtés est plus ou moins déductive; ils diffèrent profondément par leur objet, leur cadre et le caractère de leurs lois. Ce n'est pas précisément la distinction très apparente entre le juste et l'utile qui crée entre eux la contradiction la plus aiguë et la plus persistante. Cette contradiction n'est après tout que relative et peut se résoudre par une vue plus profonde. Le point d'opposition le plus décisif, c'est que l'économie politique étend sa juridiction là seulement où s'applique la loi des grands nombres; elle ne connaît que des masses; elle ignore l'individu, siège du droit, objet de la science juridique. Si elle prend souci de lui, c'est à cause de la répercussion de ses satisfactions et de ses mécontentements, de son activité ou de sa langueur sur les phénomènes économiques généraux. De ses actes, noyés dans un total énorme, elle ne recueille qu'une moyenne, où ils apparaissent dépouillés de leur liberté et de leur personnalité. La fatalité gouverne de haut les phénomènes économiques. L'économie politique ne croit être une science qu'à ce prix.

Sur cette matière si nettement caractérisée, les œuvres des jurisconsultes économistes, écho de leurs cours, présentent à première vue la diversité et même les disparates les plus marqués. Destinée prévue d'un enseignement récent, plus ou moins improvisé, et qui a dû chercher sa voie un peu au hasard, en l'absence d'une tradition d'école. Les uns ont simplement suivi la trace de nos maîtres les plus accrédités; ils sont remarquables en général par la judicieuse ordonnance des parties, par la clarté de l'exposition. Tel autre, plus aventureux, a déployé toutes les qualités d'un polémiste piquant, d'un analyste subtil, d'un dialecticien serré en faisant le procès de certaines propositions reçues; il a donné entre temps quelques gages discrets au socialisme agraire. Un seul a entrepris d'asseoir sur une base expérimentale une science qui, aux yeux des économistes français actuels, est avant tout d'appareil logique, de construction idéale.

En somme, si l'observation sommaire ne suffit pas pour faire ressortir un caractère commun dans cette riche efflorescence de travaux économico-juridiques, elle nous en apprend assez pour nous empêcher de souscrire à la condamnation prononcée par un maître éminent contre les cours d'économie politique créés dans les Facultés de droit. Il n'est pas exact, ce semble, que cette tentative n'ait abouti qu'à un échec. Elle a surtout profité à la science du droit : c'était le but principal de ses prévoyants auteurs. Mais la science économique n'est pas sans y avoir gagné, au moins par le mouvement et la secousse imprimés aux théories classiques.

Regardons mieux et cherchons plus avant. Dans cette incertitude d'un début et cette confusion d'une mise en train, est-il impossible de démêler l'action que le droit codifié a exercé sur l'enseignement économique, devenu son hôte et son commensal? Je ne le crois pas. — Trois effets sont à signaler. Premièrement, la partie essentielle de la science pour les économistes, c'est la production et ses annexes : c'est celle où prévaut la notion d'utilité. Sur la répartition ils ont généralement été brefs, sans doute par le sentiment que le mécanisme des répercussions et des transmissions est trop compliqué pour être connu dans son tout et manié avec sûreté; en sorte que le plus sage est de viser au maximum de production, qui, en augmentant la masse partageable, augmente apparemment pour chacun la chance d'être mieux partagé. Au contraire, la partie essentielle de la science pour les juristes, c'est celle où commande l'idée de justice : la répartition. L'un d'eux a même eu la pensée de n'admettre que la répartition comme sujet d'enseignement dans les Facultés de droit, et de renvoyer production, circulation, consommation aux Facultés des sciences et des lettres.

Secondement, les juristes ne paraissent pas avoir donné dans le fatalisme riant ou désespéré de beaucoup de nos économistes classiques. L'une des maximes courantes des pessimistes en économie politique, est que l'on essaye presque toujours en vain d'arrêter par des lois positives le cours naturel des choses. Le flot brisera ou contournera l'obstacle; la résistance n'aura produit qu'une perte de temps et de force. Le plus sûr est de ne pas se mettre en travers et de se résigner. Les optimistes enjoignent la même abstention au législateur pour cette autre raison que le cours des choses va de lui-même vers le mieux, et que les pouvoirs publics ne feront que le troubler ou le retarder, en s'efforçant de le régler à la lueur de leur obscure sagesse. — Nourri dans le sanctuaire des lois, témoin de leur efficacité dans l'ordre civil, le juriste n'adopte ni l'une ni l'autre de ces doctrines extrêmes, conseillères d'abstention, maîtresses d'inertie. Il prend instinctivement position dans une doctrine moyenne, celle où, — en dehors du socialisme, — se rencontrent le plus de raisons de faire appel à l'intervention du législateur, d'en attendre des remèdes et des progrès. Ni le bien ni le mal ne sont entièrement nécessaires; l'action bien dirigée de la loi peut augmenter l'un, diminuer l'autre. Le juriste s'applique à cette double tâche avec une foi aisée et prompte dans la vertu des prohibitions et des commandements inscrits dans ses textes.

Troisième particularité. L'empire de la loi s'arrête à la frontière. Le juriste ne suit donc pas volontiers l'économiste dans les spéculations préalables où celui-ci se représente le monde comme un immense atelier ou un immense marché sans divisions. Il se cantonne dès le commencement dans une économie politique nationale, et se rapproche en ce point des vues et des préférences de l'homme d'État. S'il embrasse parfois l'univers, ce n'est pas pour y étudier au large l'action des lois naturelles fatales, c'est pour y remettre l'ordre par voie de réglementation internationale : telle serait par exemple une convention entre les gouvernements relative au rapport de valeur des métaux précieux ou à la limitation des heures de travail.

En résumé, la justice s'élevant près de l'utilité au rang de cause finale prépondérante ; la loi, si suspecte aux économistes, devenant le moyen préféré ; cette même loi circonscrivant le champ de la spéculation scientifique d'après le sien propre, voilà les caractères que le voisinage de l'enseignement du droit semble avoir imprimés plus ou moins à l'enseignement économique. Effets intéressants, notables, et dont je n'ai garde de supposer qu'ils n'ont pas apporté dans la science des aperçus instructifs, à côté de solutions discutables. Retenons-en ceci seulement, que ce n'est pas chose indifférente d'introduire dans un milieu aussi caractérisé et aussi actif que les Facultés de droit tel ou tel enseignement dépendant, soit d'une science adolescente et encore molle pour ainsi dire, soit même d'une science adulte et formée, mais qu'on isolerait de ses annexes et contrepoids naturels. C'est en effet exposer cet enseignement à une action ambiante qui peut troubler son développement scientifique normal, et dont on ne sait pas d'avance si elle le modifiera heureusement ou si elle ira jusqu'à le dénaturer et le pervertir. Le risque est limité et compensé, s'il ne s'agit que de cours qui devront rester *auxiliaires* et *subordonnés*. Le danger est considérable si l'on a la prétention de constituer le noyau d'un enseignement intégral, si c'est une façon d'élire domicile dans les Facultés au nom d'un groupe de sciences à compléter par adjonctions successives.

Nous sommes donc ramenés ici à la conclusion énoncée plus haut. Il ne faut introduire dans les Facultés de droit, à titre d'enseignements consacrés par une dénomination spéciale et constituant une « éducation », que des ensembles faisant déjà corps, en état de se retrancher, de défendre vaillamment leur propre esprit, de repousser avec succès le joug d'une puissance voisine et supérieurement armée.

Nous voilà en mesure maintenant de marquer la place du droit public entre les deux groupes, juridique et historique, dont il forme comme une possession commune, une dépendance indivise, et de définir les influences qui s'exercent des deux côtés sur l'enseignement de cette branche de la science.

L'objet du droit public est de définir les obligations et les droits, non de l'individu, mais des États entre eux, des pouvoirs entre eux, des pouvoirs à l'égard des citoyens. Un caractère consécutif, c'est qu'il n'a dans aucune de ses branches de sanction sûre, efficace, faute d'une autorité supérieure aux deux parties en présence. En droit international, qu'est-ce en général qu'un traité, sinon une convention conclue sous la réserve implicite que chaque contractant reste libre de se dégager, s'il y trouve son intérêt et s'il est ou devient assez fort pour manquer impunément à sa promesse. C'est un pacte sans garantie. En droit constitutionnel, les pays se comptent où la responsabilité des ministres, celle du pouvoir exécutif, ont pu être définies et la sanction organisée par un texte, et — là même — ce texte est presque toujours resté lettre morte, la garantie s'est montrée illusoire et dérisoire. En droit administratif, notre jurisprudence a pu adoucir au profit des citoyens, mais n'a pas atteint dans sa substance la prérogative de l'administration juge et partie. Elle n'a pu que laisser subsister l'immunité des actes d'ordre *gouvernemental;* elle fait entendre qu'il y a comme un tacite article 14, écrit dans la force des choses plus catégoriquement que dans la Charte. Une loi tardive a diminué sans la faire disparaître la quasi-irresponsabilité du fonctionnaire. Il serait vain de contester le nom de « droit » à des systèmes de forme et de construction juridique, par cela seul que l'observation des règles tutélaires n'y est pas assurée par des *actions* efficaces et des pénalités définies. Mais il serait très dangereux de perdre de vue qu'ils sont d'un tout autre ordre que nos lois civiles. Le droit public est bien un droit, mais c'en est un très spécial, et imparfait en un sens, puisqu'il lui manque un des attributs juridiques que nous sommes accoutumés à considérer comme essentiels.

Le droit public n'en tient pas moins très étroitement d'un côté au droit privé, comme il tient de l'autre à l'histoire politique : il n'en peut être séparé. Les lois civiles forment comme un fond sur lequel il se découpe avec les caractères soit d'une législation dérivée, soit d'une législation exceptionnelle et dérogatoire. On aurait beaucoup de peine à le pénétrer et à s'en rendre maître, sans cette clef commune de tous les problèmes juridiques. Ajoutons qu'on serait encore moins capable de le bien comprendre, si l'on ne s'aidait pas de l'étude du passé. Ce droit en effet a beaucoup des caractères d'un droit coutumier. Il s'accroît ou s'énerve, se précise ou se transforme, par le jeu même des forces sans supérieur dont il exprime les rapports. — Aussi, qu'est-ce qu'un cours de droit constitutionnel séparé soit de l'histoire de la formation progressive de l'État, soit de l'histoire parlementaire et législative; un cours de droit des gens séparé de l'histoire diplomatique et de l'histoire militaire; un cours de droit administratif séparé de l'histoire politique et économique du pays? — Des enseignement murés et sans horizon; l'histoire seule leur ouvre des issues et des perspectives. Le droit public a un caractère en quelque sorte enclitique; ce qu'il a d'accent est toujours reporté sur une science voisine. Il n'a pas de consistance à lui seul et a besoin d'être soutenu d'une part ou de l'autre. Le droit privé lui a fourni sa langue. L'histoire seule peut éclairer le sens, la portée l'avenir des institutions politiques et de la loi internationale.

Ce droit, d'une nature si spéciale, quelle empreinte et quel pli reçoit-il sous la discipline des deux groupes scientifiques dont il est le voisin et le client? Les considérations qui précèdent ont répondu implicitement à cette question. Le droit privé est enclin à dire : justice quand même. L'histoire dit : intérêt de l'État, formule plus large où la justice est comprise, mais n'est pas seule. Le droit privé enseigne à détacher chaque question pour la résoudre; l'histoire ne présente jamais les questions que jointes et encadrées dans des ensembles. Le droit privé exalte la vertu d'un texte, du commandement écrit dans la loi; l'histoire en proclame l'infirmité. Le droit privé est content de son œuvre quand il a établi un accord logique entre des principes abstraits; l'histoire n'a jamais rencontré qu'un équilibre précaire entre des forces mouvantes. Le premier prend fièrement possession d'un avenir illimité; la seconde nous montre, étroitement bornés, la clairvoyance et le pouvoir de chaque génération; elle conseille modestement de faire une part même à l'empirisme. Le droit privé tend à poser partout un problème d'idéologie et de dialectique; l'histoire ne voit partout qu'un problème de psychologie. Ce parallèle, qu'il serait superflu de prolonger, caractérise clairement les deux influences contraires qui s'exercent sur le droit public. L'effet en deviendra sensible que par quelques exemples, qui nous ramènent à notre distinction initiale du jurisconsulte et du politique.

La constitution de 1875 a eu à organiser le pouvoir exécutif. Dans quels termes s'est présenté le problème pour un constituant que je suppose formé par un long et exclusif commerce avec le droit privé (1) ? Deux questions ont occupé l'esprit de ce jurisconsulte appelé à faire œuvre d'homme d'État : une question de mécanisme et une question de principe. Comment convient-il de régler l'élection et les attributions du Président, pour qu'il n'ait pas les moyens de faire violence aux autres pouvoirs et de détruire ou fausser la constitution ? Quelles défenses et limitations préventives empêcheront le plus efficacement ces empiétements à prévoir ? Voilà la question de mécanisme. La souveraineté réside dans la nation. Par quelle voie assurera-t-on le dernier mot aux délégués les plus directs du peuple ? Voilà la question de principe. — Combien différentes et plus complexes seront les préoccupations, combien plus modestes les prétentions du constituant nourri dans une longue familiarité avec l'histoire ! Quel est le type du pouvoir exécutif qui répond aux instincts durables ou récurrents d'une société comme la France actuelle, parvenue à un certain degré de civilisation, façonnée par de longs siècles de discipline catholique et de vie militaire ? Un président — quelles que soient ses capacités — sur qui plane l'ombre de l'amendement Grévy, créature improvisée d'une délibération hâtive, enfanté sans grossesse pour ainsi dire, confondu dans le groupe de ses ministres, habit noir parmi des habits noirs, suffira-t-il longtemps à ce qui reste d'anthropomorphisme et de goût décoratif dans les masses, à leur besoin de se sentir gouvernées, de *se représenter* le gouvernement sous une forme saisissable ; bien plus, de sentir vaguement dans la constitution un *au-delà*, quelqu'un en qui espérer, à qui avoir recours en cas de défaillance des pouvoirs de premier plan ? Dans un ciel d'où Dieu disparaîtrait et où il n'y aurait plus que ses saints, ceux-ci seraient bientôt injuriés et vilipendés, et l'on s'accommoderait au besoin d'un Dieu de ren-

(1) Une précaution et une réserve sont ici nécessaires. La réalité ne connaît pas le juriste pur et le politique pur. Elle ne nous présente guère que des personnages mixtes en qui prévaut cependant l'une des deux tendances opposées. Le juriste que nous allons rencontrer dans les espèces ci-après, ce n'est aucun homme réel, c'est le type moyen de cette multitude d'hommes ordinaires, qui ont passé par les études de droit et ont reçu de là une empreinte que n'a pas corrigée la connaissance de l'histoire ; cette multitude se répand ensuite dans les fonctions publiques ; c'est elle qui donne le ton à l'opinion courante et décide des grands intérêts de l'État par le poids de son nombre. Que les hommes nés supérieurs et avec une originalité plus forte que toute éducation ne se reconnaissent pas dans cette figure, abstraite comme toute moyenne, cela va de soi. J'en dirai autant de ces légistes consommés qui honorent nos Facultés de droit. Ceux-là, parce qu'ils ont approfondi leur matière, la dominent, et retrouvent, au bout de leur voie étroite, la perspective des ensembles. Il ne s'agit pas d'eux, mais du *vulgus* qu'ils forment. Nous n'entendons juger ici que l'influence *générale* des études de droit privé, faites sans le contrepoids de l'histoire, sur la méthode habituelle et les points de vue préférés de la majorité des esprits.

contre pour les châtier. Il ne sert de rien, — l'histoire en témoigne par cent exemples, — d'avoir un mécanisme merveilleusement ajusté et équilibré dans toutes ses parties, si l'on ne connaît pas le point d'application, l'intensité et la direction moyenne des grandes forces qui se meuvent autour de lui, si l'on n'a pas pris soin de l'adapter au redoutable et aveugle moteur d'où il doit recevoir l'impulsion. L'étude du passé aurait révélé à notre constituant l'antinomie contenue dans le problème et le paradoxe qui en cache la solution la moins imparfaite. La monarchie, telle que nous l'avons connue, est morte, parce qu'elle avait perdu le meilleur de sa substance, qui est une dynastie immémoriale, aimée et révérée instinctivement. Plusieurs des conditions de la monarchie sont encore efficaces et contiennent un principe de force et de durée. Peut-être eût-il été utile de les imiter, de les transposer en quelque sorte dans l'ordre républicain, en changeant le ton et la clef, afin que les masses trouvent au sein de la constitution régulière du pays, — et ne soient pas conduites à chercher ailleurs par une aventure, — les images, les sensations et les perceptions qui répondent à leurs habitudes héréditaires, à l'idée nécessairement simple qu'elles peuvent se faire d'un « gouvernement ». Autrement, qui sait? ne sera-t-on pas une proie offerte à ce terrible « inconscient » populaire, capable de longs sommeils, sujet à des réveils subits, et aussi à des écarts que le sens commun et le sens juridique ne s'expliquent pas, que le sens de l'histoire seul aurait prévus et mesurés?

La dernière loi sur l'élection des tribunaux consulaires nous fournit un second exemple. Dans la remarquable argumentation qui fut présentée à l'appui du projet de loi, le rapporteur reconnaissait que le choix des juges par un petit nombre de notables n'avait donné lieu à aucune plainte, provoqué aucune demande de changement, que les justiciables paraissaient satisfaits des résultats du système en vigueur, que leur confiance et la compétence de la juridiction paraissaient attestées par le petit nombre des appels et des infirmations en appel. L'homme d'État familiarisé par l'histoire avec l'idée que les institutions n'ont qu'une valeur contingente, et que celles dont on ne médit pas sont d'heureuse et rare rencontre, aurait arrêté là le rapporteur et déclaré la cause entendue. Aucune préoccupation abstraite n'aurait prévalu dans son esprit sur cette règle d'expérience élémentaire, qu'on a beaucoup plus de chances de perdre au change que d'y gagner, lorsqu'on a atteint ou même excédé la mesure moyenne de bien que souffre l'imperfection des choses humaines. Plusieurs de ces considérations n'avaient pas échappé au juriste intransigeant qui rédigea le rapport; mais il n'en sentait pas la force, ayant été habitué à chercher ailleurs ses raisons déterminantes. Il tenait le mode électoral en vigueur pour recommandable, et l'apologie qui précède pour intéressante. Mais il estimait que tout devait céder à la nécessité logique de mettre l'élection des juges consulaires d'accord avec les bases de la constitution, avec le principe du suffrage universel. Ce seul argument tout dialectique lui paraissait d'un poids à emporter la balance contre tous les arguments de fait et d'expérience accumulés dans le sens opposé. — Comment le système ainsi rectifié ne donnerait-il pas d'excellents résultats? — On sait à quoi a abouti cet optimisme juridique. En augmentant le nombre des électeurs nominaux, il s'est trouvé qu'on avait diminué la proportion relative et parfois même la proportion absolue des électeurs effectifs, des votants.

Prenons enfin, si l'on veut, une dernière question, celle de la laïcisation du personnel enseignant des écoles primaires. Je n'ai pas à me prononcer sur le fond, je me place dans l'hypothèse — vérifiée en plusieurs pays — où les hommes d'État comme les légistes se montrent également favorables à ce changement. Or, là même où ils sont d'accord sur le but, quelle différence entre les raisons qui les déterminent et, par suite, entre les voies et moyens qu'ils sont conduits à préférer! L'argument juridique qu'on entend citer en France et qui paraît décisif à lui seul, est que si, dans une commune, il y a des protestants et des libres penseurs, ce serait un abus et une tyrannie de les mettre dans la nécessité d'envoyer leurs enfants dans une école catholique, où l'enseignement sera tout imprégné d'idées ou de croyances qui leur sont suspectes ou odieuses. Il y a de ces dissidents dans presque toutes les communes. Sont-ils peu ou beaucoup, ardents ou à demi indifférents? Question secondaire. Le sujet est de ceux où le droit *crie* pour un seul citoyen violenté ou gêné dans ses convictions. Le principe de liberté est absolu. — Bien différent est l'ordre d'idées de l'homme d'État formé par l'histoire : le long passé de l'Église catholique, les prises qu'elle a sur les habitudes là même où elle n'en a plus guère sur les croyances, les revanches que peuvent lui réserver dans toute vie d'homme les chagrins et les mécomptes, son rôle modérateur au sein d'une démocratie qui veut jouir, — et, d'autre part, ses prétentions au gouvernement des intelligences, ses luttes contre les idées modernes, l'obscurantisme et l'intolérance dont ses actes ont été trop souvent entachés, tout cela lui est présent et il le pèse. Il ignore l'individu en tant qu'individu. Garantir la liberté de choix du père de famille lui apparaît, non comme un précepte absolu, mais comme un *moyen*, l'un des plus efficaces sans doute et d'une très grande valeur relative, mais comme un moyen (à combiner avec d'autres) de produire une société moralement vivace et forte. Sauvegarder la souveraineté de la conscience et la dignité dans le citoyen, l'indépendance de l'ordre civil, conserver néanmoins le bienfait d'une grande force morale qui a l'entrée traditionnelle des esprits, maintenir dans la plus large mesure possible « la paix et la bonne volonté » entre les hommes, voilà les principaux des buts multiples et contradictoires au milieu desquels le politique cherche à se reconnaître et à frayer son chemin. Il se pourra que les égards dus à quelques dissidents aient à s'effacer devant tels ou tels de ces intérêts majeurs, de ces intérêts d'État. Entre tant de considérations à ménager, le législateur estimera sans doute qu'il ne faut rien précipiter; il n'aura garde de donner la parole à des griefs encore inarticulés ou même inconscients, qui s'irriteraient au son même de leur voix, tandis qu'ils peuvent dormir ainsi longtemps encore. Il sentira le prix de la réticence, de l'action ferme, espacée, silencieuse. — On voit ainsi comment, d'un côté, le pouvoir peut être entraîné à une législation générale, uniforme, hâtive; comment, de l'autre, tout lui conseille une procédure lente, échelonnée, moins des lois que des actes de gouvernement, variant avec les lieux et les circonstances.

Que si l'on considère d'une manière générale l'évolution récente et le caractère actuel de notre droit public, on sera frappé de voir à quel point l'esprit juridique emprunté au droit civil l'a pénétré, au grand dommage de l'esprit politique et des intérêts de l'État. A l'origine, le droit privé chez les Romains n'était qu'une branche du droit politique; on sait avec quelle lenteur il a conquis son indépendance. En France, sans qu'on en ait le sentiment ou sans qu'on en prenne souci, notre droit public n'est qu'une application ou une extension des principes de notre loi civile; il n'a pour ainsi dire pas d'essence spécifique; il n'a pas trouvé son assiette propre. — La Révolution a été faite par des légistes imbus de toutes les abstractions qui dominent le droit des individus; ils les ont transportées dans la sphère du droit constitutionnel, et elles y sont demeurées, maîtresses bien qu'étrangères. Qu'est-ce que l'idée de contrat social, par exemple, si ce n'est une de ces abstractions qui, partant de l'individu, recomposent fictivement la société et l'État au lieu de les accepter en bloc des mains du passé et sous la garantie de l'histoire, comme le doit faire l'homme d'État? Cette idée, quoique discréditée en elle-même, n'en est pas moins la source unique et la clef d'un grand nombre de nos conceptions politiques maîtresses. — Récemment une discussion s'est élevée à l'Académie des sciences morales au sujet du mandat législatif. M. Courcelle-Seneuil, M. Leroy-Beaulieu n'ont pas eu de peine à montrer la singulière perversion d'idées produite par la notion du mandat civil, s'introduisant dans le droit politique, ou plutôt s'y perpétuant sans raison, après que la représentation avait changé de caractère et que la Chambre avait cessé d'être un organe de griefs pour devenir la base d'un gouvernement. Il y a là une action multiple et incessante qui a pu servir plus d'une fois la liberté et la justice, qui plus souvent les a compromises en même temps que l'intérêt de l'État. Bienvenu serait un changement de direction qu'il n'appartient qu'à l'esprit historique de provoquer et d'éclairer.

Dégageons rapidement les conséquences de ce qui précède, pour le sujet en délibération dans les Facultés. Que, pour avoir augmenté un peu le droit public aux dépens du droit privé et de l'histoire (on ne propose guère autre chose), on se flatte d'avoir organisé dans les Facultés une branche spéciale d'études, méritant d'être consacrée par un grade ou un diplôme distinct; qu'on se croie autorisé à inscrire sur ce diplôme le nom de « sciences politiques et administratives », ce qui implique la prétention de former — sans l'histoire — le diplomate et l'homme d'État, j'ai montré combien cela est chimérique et excessif. Que les Facultés se préoccupent de mieux former l'administrateur, au sens étroit et pratique du mot; qu'elles fortifient et adaptent à cette fin leur enseignement, cela est possible, expédient, légitime, à condition que l'on voie et dise clairement le peu qu'on veut, qu'on emploie des noms à la mesure des choses, et qu'on ait égard aux limites naturelles des différents groupes scientifiques. — Les études juridiques et les études politiques forment deux systèmes distincts, moins encore par leurs matières, qui comprennent plusieurs parties communes, que par l'orientation et la méthode. Le droit public et l'économie politique figurent dans l'un et dans l'autre, à titre de complément ou d'annexe, à un degré plus ou moins marqué de dépendance. Est-il prudent aux Facultés de droit de les relever chez elles de cette condition ancillaire? Il ne m'appartient pas d'en décider. On a vu des parents pauvres, accueillis avec bonne grâce et invités à prendre leurs aises, élever un peu trop le ton et donner à la fin de l'embarras. — Quant aux études politiques, je n'hésite pas à prononcer qu'on ferait un tort considérable à ce groupe vivace, mais né d'hier, sans traditions, sans crédit, encore presque ignoré, en lui prenant *tout son nom* pour l'appliquer à un simple fragment détaché de sa masse. Le public croirait trouver en entier les sciences d'État où elles ne sont qu'en partie; il ne les connaîtrait que dépaysées, transformées par une influence sans contrepoids, et le mal serait tout à fait sans remède, si cette éducation écourtée, cette discipline incomplète se trouvaient investies d'un monopole de fait ou de droit par les avantages et le prestige attachés à un grade ou à un diplôme officiels. C'en serait fait alors de l'indépendance et de l'avenir scientifique de toute une grande et noble famille de connaissances.

Il n'y a que deux explications de la fausse démarche où l'on paraît disposé à s'aventurer. Ou bien l'on croit que le droit public et l'économie politique épuisent l'idée qu'on doit se faire des études politiques; que, s'ils ne l'épuisent pas, ils forment du moins à eux seuls un système qui se suffit, qui réunit toutes les conditions d'un groupe scientifique naturel et autonome, — nous avons montré le peu de fondement de cette hypothèse. — Ou bien l'on nourrit l'espérance d'agréger peu à peu, autour de ce premier noyau, tout l'ensemble des sciences d'État. A ce second et compréhensif projet, je n'ai rien à objecter théoriquement. Je ferai seulement cette remarque qu'un édifice doit être commencé par les fondations. Le premier soin à prendre serait donc d'introduire largement, d'organiser solidement dans les Facultés de droit cette partie des études historiques qui est la base des études politiques et leur boulevard. Lorsque cette place de ralliement et de soutien aura été construite, mais alors seulement, on pourra donner au droit public la très grande ampleur et l'indépendance qui autrement lui seraient des présents funestes. Dans ces termes, il y a là le plan d'une révolution qui pourrait être féconde, mais quelle révolution? Rien que pour préparer des annexions si considérables, les Facultés de droit devraient pour ainsi dire cesser d'être elles-mêmes, renoncer à la signification de leur nom spécial, à leur mode de recrutement, à leur forte constitution traditionnelle, à l'esprit d'affirmation catégorique et d'autorité qui laisse une mordante empreinte sur l'esprit des jeunes gens, et se refaire en quelque sorte à l'image de ces Facultés allemandes de philosophie, dont le programme est comme une vaste Somme encyclopédique, aux limites incertaines et instables, aux méthodes variées, aux conclusions multiples et disparates. On ne voit pas les Facultés de droit, telles que nous les connaissons, présidant à cette sorte d'anarchie fédérative. Tout leur passé et, pour ainsi dire, leur seconde nature se soulèveraient contre une telle transformation, et il est probable que, dans leur long effort pour s'adapter à leur tâche nouvelle et complexe, elles commenceraient par perdre les qualités qui les rendent admirablement propres à leur œuvre ancienne et restreinte. C'est cependant la seule combinaison par laquelle les Facultés puissent s'annexer les études politiques, non pas fictivement, mais réellement, et sans les désorganiser ou les dénaturer. L'aventure est certes périlleuse, et il y aurait là une longue et terrible période à traverser.

On n'est nullement dans la nécessité de courir de tels risques. Une combinaison plus facile et plus sûre consisterait à fortifier, à enrichir toutes les branches de l'enseignement dans les Facultés de droit, mais sans rien changer aux rapports, à l'ordre hiérarchique, à l'importance comparative des différents groupes d'études. Les créations de cours pourront profiter plus particulièrement au droit public, trop négligé jusqu'à présent; mais on ne cessera pas de le considérer comme un simple, utile, nécessaire complément des études de droit privé; on ne dissimulera pas sa condition de tributaire; on se gardera de lui conférer, par un grade ou un diplôme spécial, une autorité nominale et une autonomie apparente qu'il ne recevrait que pour les inféoder, pour en user en subalterne à l'intérieur des Facultés, en privilégié au dehors, toujours selon l'esprit des études proprement juridiques dont il continuerait de dépendre; on ne lui donnera pas titre pour limiter ou entraver le libre développement de l'ensemble scientifique dont il n'est qu'une fraction. Voilà, je crois, la solution la plus satisfaisante.

Quant à la combinaison mixte, — j'y reviens — qui consiste à faire des Facultés de droit le siège officiel des études politiques, de la loi civile l'institutrice unique de ces études, réduites d'ailleurs au droit public et isolées de l'histoire nourricière, elle repose, ce semble, sur une illusion et un entraînement passagers : illusion de praticiens courbés sur le résultat positif immédiat, entraînement de dialecticiens engrenés dans leurs syllogismes, et qui n'ont pas encore relevé les yeux vers les perspectives où s'éclaire le haut et le fond de la question. Nous doutons fort que cette prétendue réforme soit prise à gré, après mûr examen, par les hommes éclairés qui en sont actuellement saisis.

Paris. — Typ. G. Chamerot, 19, rue des Saints-Pères. — 24121.

PARIS

TYPOGRAPHIE GEORGES CHAMEROT

19, RUE DES SAINTS-PÈRES, 19

www.ingramcontent.com/pod-product-compliance
Ingram Content Group UK Ltd.
Pitfield, Milton Keynes, MK11 3LW, UK
UKHW021031220726
13924UKWH00001B/252

9 782019 684501